아이스크림 공부책

만들면서 배우는
아이스크림의
모든 것

아이스크림 공부책

정원 글 • 박지윤 그림

초록개구리

차례

달콤한 할머니 집에 왔어요! ○ 6

1. 달걀노른자와 설탕 섞기 ○ 12

옛날에는 아이스크림을 아무나 못 먹었다고? • 18
아이스크림의 고향은 어디일까요? • 19
다양한 취향, 다양한 아이스크림 • 20

2. 생크림에 바닐라콩 넣고 데우기 ○ 22

아이스크림의 기본, 바닐라 맛 • 30
아이스크림에 들어가는 백만 가지 재료 • 31
우리나라에는 언제 아이스크림이 들어왔을까요? • 32

3. 생크림을 붓고 젓기 ○ 34

우연히 탄생한 아이스크림콘 • 40
아이스크림콘을 사랑한 예술가들 • 41
왜 미국에는 아이스크림 브랜드가 많을까요? • 42
아이스크림을 약국에서 팔았다고? • 43

4. 아이스크림 믹스를 체로 거르기 ○ 44

아이스크림은 변신 천재 • 50
세계 곳곳의 아이스크림 • 51

5. 냉동실에서 꽁꽁 얼리기 ○ 52

냉장고가 없던 때도 아이스크림이 있었다고? • 60
부드러운 아이스크림에 필요한 것 • 61
아이스크림 공장에서 슈퍼마켓까지 • 62

아이스크림 완성! ○ 64
할머니표 아이스크림 만들기 ○ 70

달콤한 할머니 집에 왔어요!

여름 방학이에요! 나는 겨울이와 할머니 집에 왔어요. 할머니 집은 무조건 좋아요. 엄마 아빠 잔소리가 없으니까요. 책 읽으라는 잔소리도, 일찍 자고 일찍 일어나라는 잔소리도, 군것질 그만 하라는 잔소리도 다 없어요. 아, 할머니 집엔 엄마랑 아빠가 못 먹게 하는 과자들이 아예 없기는 해요. 여긴 정말 먹을 게 없어요. 그래서 할머니가 만들어 주는 것들이 다, 다 소중해져요. 그 중엔 정말 내 취향이 아닌 것도 있지만 말이에요.

할머니 집에서 내가 가장 좋아하는 건 해 질 무렵 평상에 누워서 붉어지는 하늘을 보는 거예요. 분홍색이었다가 주황

색이었다가 보라색이 섞이기도 하는 하늘빛은 그림 같아요. 멀리 높은 산들이 줄줄이 이어져 있고, 끝나지 않을 것 같은 도로 위로 차들이 드문드문 다녀요. 산 아래 작은 자동차는 커다란 붓에 물감을 묻혀 톡 찍어 놓은 것 같죠. 구름 흐르는 소리마저 들릴 것만 같은 조용한 곳이에요.

"할머니 집은 달달해."

고요를 깨며 겨울이가 말했어요.

겨울이는 할머니 집을 늘 달달하다고 해요.

'달달하다'는 달콤하다는 뜻으로 우리 집에서 쓰는 말이에요. 할머니가 알려 준 말이기도 하죠.

"달달하니 좋다!"

달콤한 과자나 아이스크림을 나누어 먹을 때 할머니는 꼭 이렇게 말해요.

그래서 겨울이한테 달달한 것은 좋은 것이 됐어요. 겨울이는 할머니 집이 좋은 거예요. 할머니와 함께 먹는 달콤한 것들이 좋은지, 마냥 할머니가 좋은지 그 속을 알 수 없지만 어렴풋이 이해가 돼요.

나는 마당에서 왔다 갔다 했어요.

"똥 마려운 강아지처럼 왜 이러고 있어?"

"그냥요."

"싱겁기는. 단우는 저녁때나 올 거야."

앗, 할머니가 눈치채고 말했어요. 사실 아까부터 단우를 기다리는 중이에요. 내 친구 단우는 할머니네 옆집에 살아요. 단우는 설탕 귀신이에요. 사탕, 초콜릿, 아이스크림 같은 걸 얼마나 좋아하는지 몰라요. 할머니 집에서 단우와 놀던 장면을 떠올리면 그냥 달콤해요.

할머니는 부엌에서 점심 준비를 하고 있었어요.

"할머니! 할아버지는 어디 가셨어요?"

"글쎄다. 조금 전에 뒷마당에서 봤는데……."
"할아버진 또 뭘 따러 가신 걸까?"
늘 바구니를 들고 나가서 토마토, 옥수수, 가지 같은 걸 한가득 담아 오는 할아버지의 모습이 떠올랐어요.
그때 거짓말처럼 마당 쪽에서 할아버지 목소리가 들려왔어요.
"이 녀석들, 왜 안 보여?"
나와 겨울이는 총알이라도 된 듯 달려 나갔어요.
"오, 디저트!"
할아버지가 든 바구니에 산딸기가 한가득했어요. 우리는 산딸기를 집어 먹었어요. 손끝이 빨갛게 물들었어요.
"요 녀석들, 할아버지한테 달려오는 줄 알았더니 산딸기 보고 달려온 게로구나."
할아버지가 우리 머리를 쓰다듬어 주었어요.

산딸기는 새콤달콤했어요. 나는 '새콤달콤하다'는 말을 할머니네 뒷산 산딸기 덕분에 알았어요.

"아, 참! 할아버지가 아껴 둔 게 있지!"

할아버지가 부엌에서 얼린 홍시를 가지고 나왔어요.

"할머니, 할아버지가 너희들 주려고 얼마나 꽁꽁 아껴 두었는지 아냐?"

"꽁꽁, 크크크."

꽁꽁 숨겨 둔, 꽁꽁 언 맛있는 홍시. 우리는 자꾸 '꽁꽁'이라고 하는 게 재미있어서 키득거리며 홍시를 입에 넣었어요. 차가운 것이 입속으로 들어가고 시원한 바람이 불자 몸이 냉장고가 된 것 같았어요. 홍시는 다섯 개였어요. 할머니, 할아버지, 겨울이와 내가 나누어 먹으면 네 개죠. 그러면 남은 하나는? 이렇게 생각하고 있을 때 대문이 열렸어요.

"산아!"

"단우야!"

작년 겨울 방학 때 단우를 만난 후, 오랜만에 만나는 거예요.

우리는 손을 잡고 방방 뛰었어요.

"요 녀석들아, 마당 꺼지겠다."

우리는 툇마루에 앉아 얼린 홍시를 맛있게 먹었어요. 그런데 차가운 것이 자꾸 입에 닿자 다 같은 생각이 들었나 봐요.

"할머니, 그거 먹고 싶어요."

"겨울이도!"

단우도 알아들었다는 듯 고개를 끄덕이며 말했어요.

"저도요."

우리 셋이 할머니 얼굴을 보며 쌩글쌩글 웃었어요.

"그래, 그러자꾸나."

1. 달걀노른자와 설탕 섞기

　얼린 홍시를 먹으면서 우리가 동시에 떠올린 건 아이스크림이었어요. 우리 할머니가 만든 바닐라 아이스크림이요. 어릴 때부터 할머니 집에서 바닐라 아이스크림을 먹다 보니 나는 바닐라 아이스크림이 할머니 집에만 있는 줄 알았어요.

　지금도 기억나요. 처음으로 편의점에 갔던 날 말이에요. 엄마 아빠가 바닐라 아이스크림을 사 주었는데, 할머니 집에 있어야 할 아이스크림이 왜 거기에 있는지 궁금했다니까요. 할머니 집에서만 먹을 수 있는 아이스크림을 집 근처에서 사 먹다니, 정말로 천국을 만난 기분이었어요. 세상을 다 얻은 것 같았어요. 바닐라 아이스크림이 거의 모든 슈퍼마켓에서 파는 간식이라는 걸 알게 된 건 한참 뒤였어요.

　나는 아이스크림을 아주 좋아해서 안 먹어 본 맛이 없어요. 아이스크림이란 아이스크림은 다 먹어 보았어요. 잘게 쪼갠 쿠키가 섞인 바닐라 맛 하드, 초콜릿을 통째로 녹여서 만든 것 같은 아이스크림, 쑥을 갈아 넣은 쌉싸름한 아이스크림, 딸기 향이 폴폴 풍기는 회오리 모양의 분홍빛 하드, 얼린 찹쌀떡 같은 아이스크림, 기계에서 튜브로 쭈욱 짠 듯 나오는 새하얀 소프트아이스크림, 옆 동네 카페에서 파는 젤라토, 동그란 통 속에 치즈 조각이 콕콕 박혀 있는 딸기 맛 아이스크림……. 아이스크림 종류라면 밤새도록 말할 수 있어요.

  이 많은 아이스크림 가운데 내가 가장 좋아하는 건 바로 우리 할머니가 만든 거예요! 할머니의 아이스크림은 아주 특별해요. 하나부터 열까지, 내가 다 알거든요. 어떤 재료로 어떻게, 얼마나

recipe tip
달걀과 설탕 섞는 법

1. 달걀 8개를 준비한다.

2. 흰자와 노른자를 나눈다.

3. 노른자를 커다랗고 우묵한 그릇에 담아 준비한다.

4. 노른자에 설탕 340g을 조금씩 부어 가면서 잘 섞는다.

기다리며 만들었는지요.

그런데 할머니가 식탁에 올려 둔 아이스크림 재료들을 보자 머리가 간질간질해졌어요. 지난번 아이스크림을 만들었던 과정이 스쳐 지나갔지만, 정확하게 기억나는 건 아니었거든요. 그래도 차근차근 해 보기로 했어요.

가장 먼저 할 일은 달걀노른자와 설탕을 잘 섞어 주는 거예요. 할머니가 그릇 두 개를 꺼내더니 그 앞에 달걀 여덟 개를 가져다 두었어요. 아이스크림을 만들 때는 달걀을 전부 쓰지 않아요. 흰자는 따로 걸러 내고 노른자만 넣어요.

"아주 중요한 노른자 모으기 시간이구나!"

할머니가 그러는데 노른자에 들어 있는 '레시틴'이라는 성분이 아이스크림을 부풀려 부드럽게 해 준대요. 그러니까 노른자가 없다면 우리는 작고, 전혀 부드럽지 않은 이상한 아이스크림을 먹게 될 거예요. 이 시간은 우리가 가장 좋아하는 과정이기도 해요. 달걀흰자와 노른자를 나누는 순간엔 진짜 요리사가 된 것 같거든요. 달걀의 볼록한 부분을 그릇 가장자리에 탁, 탁 부딪쳐요. 달걀이 한 번에 와장창 깨지지 않도록 살살 깨는 거예요. 직접 해 보기 전엔 그 느낌을 절대 알 수 없어요.

달걀 껍데기가 완전히 깨지지 않고 둥글게 금만 가도록 조심스럽게 그릇에 타, 타, 타 부딪쳐요. 그러고는 그릇 위에서 반으로 쪼갠 달걀 껍데기를 양손에 동그랗게 쥐고 노른자를 주고받아요. 노른자를 왼손에 쥔 달걀 껍데기로 보냈다가 다시 오른손에 쥔 달걀 껍데기로 보내요. 이러는 동안 흰자는 아래 있는 그릇에 모여요. 노른자는 다른 그릇에 따로 모아 두어요.

  쪼개진 달걀 껍데기는 뾰족뾰족하기 때문에, 탁구를 하듯 주고받는 노른자가 껍데기에 닿지 않도록 주의해야 해요. 껍데기에 닿으면 노른자가 순식간에 터질 수 있거든요.
그래서 노른자만 분리할 때에는 집중력을 발휘해야 해요.

나도, 나도!
이번에는
내가 해 볼래!

다음 단계는 훨씬 쉬워요. 커다랗고 우묵한 그릇에 노른자와 설탕을 넣고 거품기로 마구 휘젓는 거예요.

"자, 이제 누가 먼저 저어 볼까?"

"저요!"

겨울이가 손을 번쩍 들며 소리쳤어요.

"그래, 겨울이 먼저."

겨울이, 단우, 나 우리 셋 중에서 가장 힘이 약한 사람은 겨울이에요. 그러니까 겨울이가 먼저 젓는 게 맞아요. 노른자에 설탕을 넣어 가면서 천천히 저어요. 노른자는 설탕과 섞이면 점점 되어져요. 노른자가 어느 정도 뻑뻑해질 때까지 혼자서 다 젓는 건 무리예요. 아주 오래전에, 아이스크림을 처음 만들 때는 할머니 혼자서 저었는데, 팔이 아프다고 했던 게 기억나요. 아이스크림

만드는 일에 익숙한 할머니도 그렇게 힘든데, 우리가 나누어서 젓는 건 아주 당연해요.

　겨울이가 먼저 젓고, 다음에는 단우가, 그다음으로 가장 힘이 센 내가 저었어요. 달걀노른자와 설탕이 잘 섞이면 거품기를 휘젓는 팔의 움직임이 점점 느려지고, 재료들은 진한 노랑을 띠며 뻑뻑해져요. 배가 강물에 물결을 만드는 것처럼 거품기가 지나간 자국이 선명해지지요. 설탕을 거의 다 넣었을 즈음엔 그릇을 꼭 잡지 않으면 거품기가 돌아가는 방향을 따라 그릇이 빙빙 돌 정도로 되직한 덩어리가 돼요.

　난 정말 많이 자랐어요! 어릴 때는, 그러니까 1학년이나 2학년 때 말이에요. 그때는 엄마 아빠와 요리할 때 달걀을 깨뜨리는 정도만 할 수 있었거든요. 그런데 이제 달걀노른자를 따로 분리해 낼 수 있고, 노른자에 설탕을 넣으면서 젓는 것까지 할 수 있어요. 노른자가 풀어지면서 설탕과 섞여 단단해지면, 왠지 모르게 내가 어른이 된 것 같은 기분이 들어요.

옛날에는 아이스크림을 아무나 못 먹었다고?

맨 처음 아이스크림은 얼음을 갈고 눈을 얹은 형태였어요. 우유가 들어가지 않은 빙수나 셔벗 종류였으니, 엄격하게 말하면 우리가 아는 아이스크림은 아니에요.

지금으로부터 약 2천 년 전에 페르시아 제국 사람들은 겨울에 내린 눈을 한여름까지 보관한 뒤, 포도즙을 부은 얼음과자로 먹었어요. 로마 제국의 네로 황제는 눈을 갈아서 꿀, 과일, 견과류를 얹어 먹는 걸 즐겼다는 이야기가 전해 내려오기도 해요.

하지만 아주 오랜 옛날에는 얼음을 깨고 보관하는 데 노동력과 비용이 많이 들었어요. 그 때문에 아이스크림이 왕이나 귀족만 즐길 수 있는 고급 간식이었다는 건 확실해요.

아이스크림의 고향은 어디일까요?

지금은 유명한 아이스크림 회사들이 미국에 많지만, 원래 아이스크림은 유럽에서 태어났어요.

크림을 차갑게 만든 간식에 '아이스크림'이란 말을 처음 쓴 건 1688년 영국 신문 〈런던 가제트〉였어요. 그리고 아이스크림 만드는 법을 처음으로 정리한 사람은 영국의 메리 에일스였어요. 메리는 1718년에 쓴 《메리 에일스 부인의 요리법》에서 아이스크림 만드는 법을 간단히 소개했어요. 이후 1744년에는 '아이스크림 ice cream'이란 단어가 옥스퍼드 영어 사전에 실렸지요.

프랑스에서 처음으로 아이스크림을 판매한 카페는 르 프로코프예요. 이곳은 이탈리아 시칠리아 섬 출신의 사람이 1686년 프랑스 파리에 연 카페예요. 고향에서 즐겨 먹던 아이스크림을 만들어 팔았는데, 이 아이스크림이 파리 사람들에게도 큰 인기를 끌었지요.

다양한 지식인이 찾은 르 프로코프는 세계에서 가장 오래된 카페로 지금도 영업 중이에요.

다양한 취향, 다양한 아이스크림

아이스크림은 지방이 얼마나 들었는지, 어떤 재료를 넣었는지, 모양은 어떤지 등에 따라 분류할 수 있어요. 보통 아이스크림은 지방이 10% 이상 들어 있어야 해요. 그래야 원칙적으로 '아이스크림'이라는 말을 쓸 수 있어요.

젤라토
젤라토는 대부분 우유로 만들며 달걀노른자를 넣지 않아요. 추가로 넣는 다양한 재료의 맛이 잘 살아 있어요.

아이스밀크
지방이 10%보다 적게 들어 있으면 '아이스크림'이라는 이름을 사용할 수 없어요. 이런 제품은 포장지에 '아이스밀크'라고 적어요.

소프트아이스크림
'소프트 서브'라고도 불러요. 아이스크림 재료를 섞은 혼합물을 기계에 넣고 바로 뽑아내요.

팝시클
흔히 '하드'라고 부르는 막대 아이스크림이에요. 재료에 막대를 꽂아서 얼려 투박한 느낌이 있어요.

소르베
우유나 크림, 달걀노른자를 넣지 않고 얼음에 과일즙을 섞어 만들기 때문에 상큼한 맛이 나요.

셔벗
과일즙을 넣어 만드는 소르베와 비슷하지만, 우유나 크림을 넣는 점이 달라요.

2. 생크림에 바닐라콩 넣고 데우기

이제 생크림을 준비할 차례예요. 우선 냄비에 생크림 950mL를 부어요. 그러고는 바닐라콩의 배를 갈라 안에 있는 씨를 살살 긁어내요. 바닐라씨를 전부 생크림 안에 넣고, 남은 꼬투리도 마저 긁어서 넣어요.

바닐라콩을 처음 본 날이 떠올라요. 얼마나 신기했는지 몰라요. 바닐라 맛, 바닐라 향이 들어간 간식은 다 달콤해서 나는 바닐라가 달콤한 과즙을 머금은 과일인 줄 알았어요. 그런데 콩이었다니!

보통 바닐라콩은 손질해서 써요. 바닐라콩의 껍질을 반으로 갈라요. 그러면 그 안에 까맣고 자잘한 씨가 들어 있어요. 바닐라씨는 아주 작아서 젖은 흙처럼 보이기도 해요. 그 씨로 빵도 만들고 케이크도 만들어요.

이제 생크림과 바닐라씨가 든 냄비를 가스레인지에 올리고 끓여요. 내가 아주 좋아하는 순간이에요. 생크림을 끓일 때는 정확히 섭씨 77도를 넘지 않아야 하기 때문에 요리용 디지털 온도계를 사용해요. 작년과 재작년에는 할머니가 직접 온도계를 생크림이 담긴 냄비에 넣었어요.

 이제는 우리 차례예요. 이만큼 컸으니까요. 키가 130센티미터가 넘으면 아주 어릴 때는 탈 수 없던 놀이 기구를 탈 수 있잖아요. 내가 빠른 속도의 기차를 타고 싶었던 것처럼, 나는 어서 키가 자라서 온도계를 뜨거운 물에 넣어 볼 수 있기를 손꼽아 기다렸어요.

─── 생크림 끓이는 법 ───

1. 생크림 950mL를 준비한다.

2. 바닐라콩 한 개의 꼬투리를 따고 안에 있는 씨를 긁어낸다.

3. 냄비에 생크림과 바닐라씨를 넣은 뒤 중간 불에서 끓인다.

4. 77도가 되면 불을 끄고 가스레인지에서 내린다.

내가 먼저, 그다음엔 단우가 온도계를 넣어 보기로 했어요. 겨울이는 키가 작으니 아직 멀었어요. 겨울이가 아직 멀었다고 생각하니 왠지 좀 우쭐해졌어요. 이게 너무 나쁜 마음은 아니겠지요?

지금부터 아주 중요해요. 온도가 너무 낮거나 높으면 아이스크림이 만들어지는 데 문제가 생기거든요. 차가운 아이스크림을 만들면서 뜨겁게 데우는 과정이 있다니 참 신기해요.

"잼을 만들 때나 아이스크림을 만들 때는 부엌을 떠나면 안 돼. 모든 것이 한순간이란다."

아이스크림을 만들 때 중요한 건 말이다…….

"모든 것이랑 한순간이랑 같다고요?"

겨울이가 또 우리의 달콤한 분위기에 찬물을 끼얹었어요. 단우랑 나는 할머니 말씀이 무슨 뜻인지 조금, 아주 조금은 알 것 같았거든요.

"아니, 한순간이 아주 짧은 것 같지만 중요한 일이 일어날 수 있다는 뜻이거든."

"그러니까 내 말이 그 말이지."

겨울이는 내 말이 핀잔 같았는지 토라졌어요.

그러자 단우가 얼른 끼어들었어요.

"맞아, 겨울아. 난 겨울이 말뜻 알아들었어."

단우는 겨울이 몰래 나에게 한쪽 눈을 찡긋했어요.

단우 덕분에 할머니 집에서는 겨울이와 내가 심하게 자그락대는 일이 드물어요. 놀기에도 시간이 부족한 걸 알고 있어서일 거예요.

냄비 속에서 생크림이 데워지기 시작했어요. 불이 너무 세면 안 돼요. 중간 불에서 천천히 뭉근히 끓여야 해요.

"할머니, 77도까지 끓이는 거잖아요. 생크림 온도가 78도를 넘으면 어떻게 되는데요?"

나는 요리용 온도계를 꼭 사용해야 하는지 궁금해져 할머니한테 물었어요.

"뜨거워지지."

겨울이가 천진하게 대답했어요.

이번엔 겨울이가 마냥 귀여워서 단우와 나는 마주 보고 깔깔 웃었어요.

"달걀노른자와 설탕 섞은 것에 너무 뜨거운 생크림을 넣으면 굳어서 엉망이 될 거야."

"아, 그래서 요리용 온도계를 넣어 꼼꼼하게 보는 거네요."

"맞아. 78도를 약간 넘긴 걸로 요리가 엉망이 되지는 않겠지만, 최고의 상태를 만들려면 되도록 레시피를 지키는 게 좋단다."

냄비 위쪽으로 멀찍이 손을 가져가 보았어요. 따뜻한 김이 올라오고 있었어요. 처음엔 내가 온도계를 넣었어요. 온도는 아직 50도였어요. 다음엔 단우가 온도계를 잡았어요. 곧 냄비 가장자리가 거품처럼 부풀어 오르고 온도계의 숫자도 올라가기 시작했어요. 생크림이 데워지는 거예요.

이제는 냄비에 팔이 닿지 않게 특히 더 조심해야 해요. 조금 더 지나니 온도계의 온도가 드디어 77을 가리켰어요. 내가 후다닥 불을 껐어요.

"성공!"

단우와 나는 손바닥을 맞부딪치며 외쳤어요. 처음으로 생크림을 데워 본 거예요. 문제없이 말이에요. 그런 우리를 보면서 할머니도 아이처럼 웃었어요.

"빨리 먹고 싶다!"

우리가 소리치며 흥분하자 겨울이는 아이스크림이 벌써 다 된 줄 알았나 봐요. 숟가락을 들고 달려왔는데, 차갑지도 단단하지

도 않은 생크림을 보며 잠시 실망한 듯했어요.

하지만 겨울이는 곧 바닐라 향이 진동하는 생크림 가까이 코를 가져다 대며 즐거워했어요.

"벌써 바닐라 향이 가득하다! 먹고 싶어."

겨울이가 침을 꿀꺽하며 동동거리자 할머니가 말했어요.

"기다려야 한단다. 음식은 여러 단계를 거쳐 천천히 만들어지지. 더군다나 아이스크림은 더 그렇단다."

"에이, 할머니가 아이스크림 안 좋아하니까 천천히 만드는 거잖아요."

이야, 진겨울. 오늘 정말 최고예요. 아이스크림을 좋아하는 만큼 아이스크림을 만드는 오늘은 투정도 많아요.

그래도 우리 할머니는 늘 친절하게 말해요.

"이런, 할머니가 아이스크림 안 좋아한다고 누가 그러더냐? 이렇게 아이스크림을 잘 만드는 건 다 좋아해서 그런 거야."

우리는 귀가 쫑긋해졌어요.

"할머니도 아이스크림을 좋아하신다고요?"

"그럼, 이 할머니가 어릴 때 아이스크림 귀신이었지."

"어떤 아이스크림을 먹었는데요?"

할머니 말에 우리는 궁금한 게 많아졌어요.

할머니가 아이스크림을 잘 만들기는 하지만, 맛을 볼 때만 한 번 먹고 그 뒤로는 전부 다 우리 차지거든요. 남은 아이스크림을 두고 겨울이와 내가 한바탕 전쟁을 치른 적은 많지만, 어른들과 아이스크림을 두고 옥신각신한 적은 없었지요. 그런데 생각해 보니 할머니도 어린 시절이 있었잖아요. 나처럼 몸집이 작고 달콤한 걸 좋아하던 때 말이에요.

그러고 보니 작년 이맘때, 밤에 화장실을 가려고 대청마루로 나왔는데 할머니가 등을 돌린 채 뭔가를 먹던 모습이 떠올라요. 잠결에 아이스크림 통을 본 것 같았는데, 다음 날 아침 일어나 생각했어요.

'에이, 설마 아이스크림이겠어?'

그런데, 오호, 그게 아이스크림이었을 수도 있겠네요. 이거 뭐예요. 진짜 아이스크림 귀신 같은 느낌이잖아요, 으악.

아이스크림의 기본, 바닐라 맛

바닐라 아이스크림은 많은 사람들이 좋아해요. 딸기 아이스크림과 초콜릿 아이스크림도 인기가 많지만, 아이스크림의 기본이 되는 바닐라 아이스크림의 인기는 따라잡을 수 없지요. 바닐라 아이스크림에 여러 재료를 섞거나 그 위에 다양한 토핑을 올려 새로운 아이스크림을 만드는 경우도 많아요.

바닐라 열매인 바닐라콩은 귀한 식재료예요. 주로 인도네시아, 마다가스카르, 중앙아메리카의 서인도 제도, 남태평양 제도 등에서 자라요.

바닐라는 특유의 달콤한 향 덕분에 사랑받지만, 덜 익은 바닐라 꼬투리는 향이 없어요. 꼬투리를 수확한 후 발효와 건조를 되풀이하는 과정에서 독특한 향이 생기지요. 요리에 사용할 때는 바닐라 꼬투리를 세로로 갈라서 씨를 긁어내요. 꼬투리를 물에 깨끗이 헹구어서 잘 말린 다음 설탕병에 넣어 두면, 몇 주 뒤 향긋한 바닐라 설탕이 돼요. 바닐라 설탕은 만들어 두면 바닐라 향을 내고 싶은 음식에 편리하게 쓸 수 있어요.

바닐라는 에스파냐어로 '작은 꼬투리'라는 뜻이에요.

아이스크림에 들어가는 백만 가지 재료

아이스크림은 어떤 재료로 만드는지에 따라 이름을 달리 붙일 수 있어요. 세상에 있는 모든 식재료로 아이스크림을 만들 수 있다고 해도 될 정도예요.

김치찌개는 김치와 돼지고기, 양파 등으로 맛을 내요. 된장찌개는 된장과 육수, 호박이나 양파 같은 채소로 맛을 내지요. 이렇듯 대부분 요리는 재료가 정해져 있어요.

하지만 아이스크림은 다양한 재료를 넣어 만들 수 있어요. 우리가 쉽게 먹을 수 있는 아이스크림 종류만 떠올려 보아도 알 거예요. 팥을 넣으면 팥 아이스크림, 쑥을 넣으면 쑥 아이스크림, 무화과를 넣으면 무화과 아이스크림, 토마토와 바질을 함께 넣으면 바질 아이스크림이 돼요. 같은 재료라도 얼마큼 넣는지, 어떤 순서로 만드는지에 따라 맛이 달라져요.

같은 재료로 여러 형태의 아이스크림을 만들 수도 있어요!

팥

쑥

무화과

바질

우리나라에는 언제 아이스크림이 들어왔을까요?

우리나라에서 아이스크림을 처음 먹은 사람은 누구일까요? 전해지는 바에 따르면 고종 황제였다고 해요. 조선 시대에는 주로 빙수 형태의 아이스크림을 먹었어요. 얼음을 얼리고 그 위에 팥을 얹어서 섞어 먹는 거예요.

1927년 6월 22일 한 신문에 '좋은 아이스크림 만드는 법'이라는 기사가 실렸어요.

당시에는 아이스크림이나 빙수에 관심이 높아져 아이스크림 조리법뿐 아니라 빙수나 얼음 사용법, 아이스크림 자체에 대한 찬사가 기사로 종종 등장했어요. 아동 문학가 방정환도 빙수를 많이 먹기로 유명했어요.

1950년대 도시에는 가난한 아이들이 아이스케이크를 담은 통을 메고 골목을 누볐어요. 아이스케이크는 설탕물에 팥을 넣고 나무 꼬챙이를 꽂아 얼린 형태였는데, 흔히 줄임말로 '아이스케키'라고 불렀어요.

1962년 한 회사에서 'OO 하드'라는 아이스크림을 선보였는데, 그때부터 사람들은 막대에 꽂힌 단단한 형태의 빙과류를 '하드'라고 부르기 시작했어요.

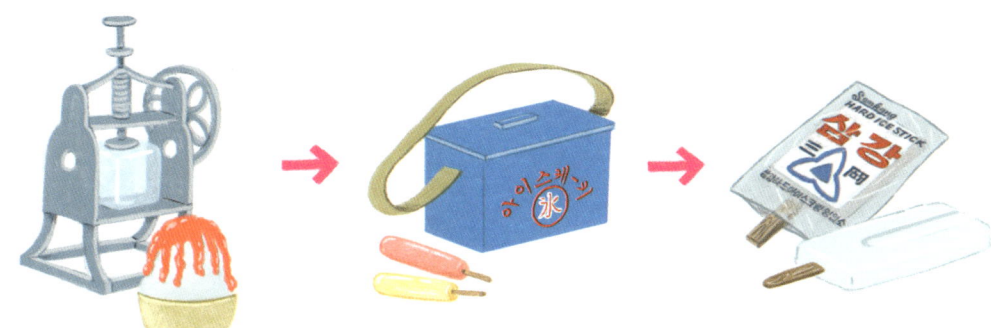

1920~30년대 : 얼음 가는 기계와 색동 빙수

1950년대 : 아이스케키와 담은 통

1960~70년대 : 공장에서 대량 생산한 하드 아이스바

3. 생크림을 붓고 젓기

할머니는 냄비에 있던 바닐라 생크림을 주둥이도 있고 손잡이도 있는 통에 담아 주었어요. 우리가 달걀노른자와 설탕이 섞인 그릇에 붓기 쉽도록요.

"자, 이번엔 누가 할래?"

"내가 부을래, 내가."

아이스크림을 만들자니 겨울이가 너무 적극적이라 좀 피곤해요. 다른 음식을 만들 때는 이렇게까지 나서지 않거든요. 우리는 꼬맹이에게 잠시 양보했어요.

"대신 젓는 건 내가."

겨울이가 따뜻해진 바닐라 생크림을 천천히 붓고, 나는 주걱으로 달걀노른자와 설탕 혼합물을 저었어요. 생크림이 더해지자 더 부드러웠고, 더 잘 저어졌어요. 노란빛 강에 새하얀 회오리 물결이 이는 듯해 보였어요. 할머니가 달걀노른자와 설탕 혼합물에 생크림을 합한 걸 '아이스크림 믹스'라고 부른다고 알려 주었어요.

단우는 식탁에 턱을 괴고 앉아 아이스크림 믹스를 바라보고 있었어요. 그런데 눈빛에 걱정이 가득해서 내가 물었어요.

"단우야, 왜 그래?"

"생크림이 너무 따뜻해서 달걀노른자가 익을까 봐."

단우랑 아이스크림을 만드는 건 처음이라 이 과정이 많이 낯선가 봐요.

"하하, 그렇구나. 하지만 너무 염려 마라. 달걀이 익지 않을 정도로만 생크림을 데운 거야. 굳어지지 않은 채로, 달콤해지고 부드러워지는 거지. 딱 알맞게 말이야."

할머니가 말했어요.

――― 생크림 젓는 법 ―――

1. 따뜻해진 생크림을 달걀노른자와 설탕 혼합물에 천천히 부으면서 젓는다.

2. 설탕이 녹을 때까지 저으면 아이스크림 믹스가 완성된다.

3. 아이스크림 믹스를 끓어오르기 전까지 한 번 더 데운다.

"딱 알맞게요?"

'알맞게'라는 말은 아주 많이 들어 봤지만, 들을 때마다 고개를 갸우뚱하게 돼요. 77도까지 데운다고 말할 때는 전혀 어렵지 않았는데, '알맞게'라고 표현하니까 갑자기 복잡하게 느껴져요. 하지만 좋은 말인 것 같기는 해요.

내 표정이 아리송해 보였는지 할머니가 덧붙여 말했어요.

"더하지도 덜하지도 않게. 지금은 여름이지만 겨울날을 떠올

려 보자. 너무 추워 집에 들어온 산이에게 뜨거운 물을 줬다고 생각해 볼까?"

"앗, 뜨거워!"

곁에 있던 겨울이가 거들었어요.

"맞아, 너무 뜨거운 물을 주면 입에 대기도 어렵겠지? 그렇다고 너무 찬 걸 주면 몸이 녹기는커녕 오들오들 떨리지 않겠니?"

"아, 그렇게 너무 차지도 뜨겁지도 않게."

"그래. 상황에 맞게, 딱 좋게 말이야."

할머니는 우리를 바라보며 말했어요. 이럴 때, 그러니까 몹시 어려운 걸 천천히 알려 줄 때 할머니는 천사 같아요.

우리는 아이스크림 믹스를 다시 불에 올려 끓어오르기 직전까지 한 번 더 데웠어요. 생크림이 냄비 바닥에 눌어붙을 수 있으니 계속 저어야 해요.

나는 생크림을 데울 때, 그리고 아이스크림 믹스를 데울 때마다 새롭고 신기해요. 차가운 아이스크림을 얻기 위해 두 차례나 불을 써야 한다는 게 말이에요.

"온도를 높이면 재료가 잘 섞이고, 또 세균을 없앨 수 있단다."

"따뜻한 물에 설탕이 잘 녹는 것처럼요?"

단우도 거들었어요.

"오호! 맞구나."

맞아요. 차가운 물에 설탕을 녹이면 숟가락으로 아무리 세게 휘저어도 설탕 알갱이가 녹지 않고, 회오리 안에 돌아다니는 게 보이거든요. 근데 따뜻한 물에 녹이면 설탕 알갱이가 금세 녹아 사라져요.

아이스크림에 들어가는 재료가 섞이는 데에도 알맞은 온도가 필요한 거예요. 굳어지지 않고 잘 섞이기만 하는, 알맞은 온도 말이에요.

"너희의 질문도 아주 적당하구나. 이 할머니가 대답할 수 있을 정도로만 예의 바르니 말이다."

"더 어려운 걸 묻고 싶지만, 할머니가 난처해하실까 봐요."

사실 더 어려운 질문 같은 건 없어요. 단지 이 뜨끈한 상태의 액체가 차갑게 될 때까지 얼마나 기다려야 할지, 아주 조금 조바심이 날 뿐이에요. 자고 일어나야 겨우 맛보는 게 가능하다는 걸, 꼬박 하루 이상은 기다려야 한다는 걸 알면서도 말이에요.

우연히 탄생한 아이스크림콘

'아이스크림콘' 하면 와플 무늬를 한 고깔 모양 과자에 동그랗게 올린 아이스크림이 떠오를 거예요. 이 고깔 모양이 언제 어디에서 탄생했는지 생각해 본 적 있나요?

1904년 미국 세인트루이스에서 여러 나라 사람들이 참여하는 박람회가 열렸어요. 그곳에 아이스크림 상인과 와플 상인이 많이 있었는데, 그중 누군가 아이스크림을 쉽게 들고 다닐 수 있도록 와플을 원뿔 모양으로 말아 아이스크림을 올렸어요.

이렇게 세상에 널리 알려진 아이스크림콘은 오랫동안 사람들에게 사랑받았어요. 지금도 유원지, 극장 그리고 거리에서 큰 인기를 누리고 있어요.

세인트루이스 박람회의 모습을 담은 사진이에요. 아이스크림콘 외에 햄버거, 솜사탕도 이때 널리 알려졌어요.

아이스크림콘 덕분에 맛있는 아이스크림을 한 손에 쥐고 즐길 수 있어요.

아이스크림콘을 사랑한 예술가들

세계의 많은 예술가들이 아이스크림을 소재로 작품을 만들었어요.

에스파냐의 화가 파블로 피카소는 〈밀짚모자를 쓰고 아이스크림콘을 먹는 남자〉를 그렸고, 미국의 화가 앤디 워홀은 〈아이스크림 디저트〉라는 작품을 내놓았어요. 그리고 미국의 화가 웨인 티보도 아이스크림콘을 소재로 많은 작품을 선보였지요.

영화 〈로마의 휴일〉에는 여주인공이 높다란 스페인 계단에서 아이스크림콘을 먹는 장면이 나오는데, 영화가 많은 사랑을 받으면서 그 계단에 직접 가서 아이스크림을 먹는 사람이 많아졌대요.

지금은 문화재 보호 때문에 계단에서 아이스크림을 먹으면 안 돼요.

왜 미국에는 아이스크림 브랜드가 많을까요?

널리 사랑받는 아이스크림 중에는 미국에서 탄생한 브랜드가 많아요. 왜 그럴까요? 본래 아이스크림은 이탈리아, 프랑스 등 유럽에서 발달했어요. 하지만 너무 비싸서 부자들만 먹을 수 있었어요.

가격이 낮아지고 많은 사람들이 먹게 된 건 제과업자들이 미국 뉴욕으로 몰리면서부터예요. 그들은 서로 경쟁하듯 저렴한 가격에 맛 좋은 아이스크림을 만들어 냈어요. 특히 저렴한 아이스크림을 수레에 팔던 이탈리아 상인이 많았는데, 몇몇은 아이스크림 사업으로 성공을 이루었어요.

미국에 있는 사업가들은 아이스크림을 대량으로 만드는 일에 몰두했어요. 미국은 아이스크림의 주된 재료인 크림과 설탕을 값싸게 들여올 수 있었거든요. 덕분에 곳곳의 약국에서도 아이스크림을 팔았어요. 아이스크림에 소다수를 섞은 음료인 '아이스크림소다'와 설탕에 조린 과일이나 초콜릿을 얹은 '아이스크림선디'는 인기가 대단했어요.

아이스크림을 약국에서 팔았다고?

1900년대 초반, 미국의 약국들은 식음료 판매 공간을 마련해 아이스크림도 팔았어요. 인기 많은 아이스크림 덕분에 약국은 동네 사랑방 같았어요.

아이스크림이 처음 나왔을 때는 영양 면에서 훌륭한 식품이며, 의학적인 효능이 있다고 여겼어요.

이탈리아 출신의 의사였던 필리포 발디니는 얼린 디저트에 대한 책을 냈어요. 이 책에 소개된 얼린 디저트는 과즙에 물과 설탕을 섞어서 얼리는 형태의 아이스크림이었어요. 필리포 발디니는 통증이 있을 때 계피 아이스크림을, 위장이 아플 때 레몬 아이스크림을, 우울할 때는 초콜릿 아이스크림을 먹으라고 썼어요. 또 차가운 음식이니 여름에만 먹는 것이 좋겠다고도 덧붙였어요.

아이스크림을 파는 공간은 기계의 이름을 따서 '소다파운틴'이라고 불렀어요.

1900년대에 찍은 사진으로, 약국 내에 마련된 소다파운틴 코너가 보여요.

4. 아이스크림 믹스를 체로 거르기

이제 아이스크림 믹스를 체에 거를 차례예요.

"건더기도 없는데, 이걸 체에 거른다고요?"

단우가 놀란 듯 물었어요. 말도 안 된다는 눈빛이었지요.

"이건 그냥 물이잖아요."

단우가 이어서 말했어요. 단우가 말하는 물은 액체를 뜻하는 것일 거예요. 하지만 내가 알기로 물과 액체는 엄연히 달라요. 부엌에서 엄마, 아빠, 할머니한테 전수받은 내 요리 지식으로는 그래요. 물은 액체에 포함되고, 물도 생크림도 우유도 액체의 한 종류지만 성분이 달라요. 우유와 생크림에는 물에 없는 단백질과 지방이 들어 있어요. 게다가 아이스크림 믹스에는 달걀노른자와 설탕도 들어 있잖아요. 완전히 녹지 않은 물질들이 체에 걸러져요.

해 보면 알아요. 줄줄 새 버릴 것만 같은 아이스크림 믹스를 체에 거르면 체 위에 엉긴 물질들이 걸러져요. 체에 거르기 전에는 섞인 채 보이지 않던 것들이에요. 이 물질들을 걷어 내면 여러 재료가 완전히 섞여 입자가 고른, 부드러운 아이스크림 믹스가 돼요. 이걸 보면 마음까지 개운해져요.

할머니가 아이스크림 믹스를 식힌 다음, 체에 붓고 국자 뒷면으로 천천히 눌러 주었어요. 내가 먼저, 단우가 그리고 겨울이가 차례대로 국자를 들고 천천히 아이스크림 믹스를 체 아래로 걸러 냈어요. 고와 보이기만 했는데, 체 위에 작고 동글동글한 크림 덩어리들이 남았어요. 그리고 체 아래 그릇에는 거르기 전보다 훨씬 고와진 아이스크림 믹스가 남았어요.

"아이스크림 믹스를 체에 거르는 이유는 아이스크림 질감을 부드럽게 만들기 위해서란다. 아이스크림은 부드럽게 입에서 살살 녹아야 하니까 말이다."

recipe tip
— 체에 거르는 법 —

1. 체 위에 식힌 아이스크림 믹스를 붓는다.

2. 아이스크림 믹스를 국자 뒷면으로 골고루 누른다.

3. 체에 걸러진 물질을 버리고, 아이스크림 믹스는 남긴다.

살살 녹는다는 말을 들으니 나는 아이스크림콘이 떠올랐어요. 아마 어릴 적에 있었던 일 때문인 것 같아요.

여름날이었어요. 지금보다 훨씬 푹푹 찌는 뜨거운 여름날이요. 엄마 아빠가 뽑기로 생일 선물을 정하자고 했는데, 내가 뽑은 쪽지에는 '놀이공원'이 쓰여 있었어요. 우리는 놀이공원에서 놀이 기구를 타고 맛있는 밥도 먹었어요. 그리고 와플 모양 콘에 아이스크림이 겹겹이 쌓인 디저트를 사 먹었어요. 각각 빛깔이 다른 아이스크림이 3단이나 올려진 아이스크림콘은 축제 같은 날과 아주 잘 어울렸어요. 하드를 먹을 때와는 완전히 다른 느낌이지요.

그런데 그만 아이스크림을 받자마자 바닥에 떨어트리고 말았어요. 와장창, 와자작, 쿵, 우르르 쾅……. 내 마음에 지진이 일거나 천둥이 치는 소리였을까요? 아이스크림은 아무 소리도 낼 수 없었을 텐데 말이에요. 소리를 내기에도 너무나 순식간이었어요.

뜨겁게 달구어진 놀이공원의 아스팔트 위에 거꾸로 박힌 채 녹아 버리는 아이스크림을 보는데, 내 마음도 녹아 사라져 버리는 것 같았어요. 눈물이 맺혔어요. 나는 그 자리에 서서 엉엉 울고 말았어요. 아빠가 아이스크림을 다시 사 주었을 때의 그 안도감을 잊을 수 없어요. 그건 쏟아진 물은 주워 담을 수 없을지언

정 떨어트린 아이스크림은 다시 사 먹을 수 있다는 뜻이었어요. 실수했을 때 돌이킬 수 있다는 뜻이기도 했고요.

나는 아이스크림콘이라면 무조건 좋아요. 어떤 맛이든 가리지 않고요. 살살 녹는 아이스크림과 와플 무늬를 한 과자의 만남은 정말 환상적이에요.

그런데 할머니 집에는 아이스크림콘을 만들 만한 재료가 없어요. 와플 무늬를 한, 얇은 고깔 모양의 콘에 아이스크림을 탁 얹어서 먹으면 더 맛있을 텐데 말이지요.

할머니 집에서는 할머니표 아이스크림을 먹는 것으로 만족해야 해요. 아니, 사실 이건 정말 대단한 거예요. 우리 엄마가 만들어 주는 아이스크림에 비하면 말이지요. 엄마는 우유에 설탕을 녹여서 틀에 부어 얼리거나, 과일주스를 통째로 얼려서 주거든요.

비록 아이스크림콘은 없지만, 할머니 아이스크림은 특별해요. 나는 할머니 아이스크림에 내 용돈 얼마를 내놓아도 상관없어요. 물론 그런 적은 없지만요.

엄마와 아빠는 아이스크림에 대한 생각이 나와 달라요. 아빠는 아이스크림 가격이 너무 비싸다며, 밥과 비슷한 가격인 게 말이 되느냐고 해요. 하지만 어떤 사람들은 아이스크림을 밥으로 먹기도 하는걸요. 여름날, 학교 다녀와서 냉동실 문부터 열면 엄마는 늘 밥 먹은 뒤에 간식으로 먹으면 좋겠다고 말해요. 하지만 왜 꼭 그래야 하나요? 지금 먹고 싶은 걸 왜 미루어야 하나요? 탄수화물 가득 든 밥은 아니지만 배가 부르면 아이스크림도 끼니가 될 수 있지 않을까요?

"아이스크림이 밥이면 좋겠다."

"맞아."

"밥 해요, 할머니."

내 말에 단우도, 겨울이도 기다렸다는 듯이 맞장구를 쳤어요. 어릴 때 읽었던 《헨젤과 그레텔》 속 과자로 만든 집이 떠올랐어요. 아, 〈찰리와 초콜릿 공장〉도요. 눈을 돌리는 곳마다 달콤한 아이스크림으로 만든 집이라면 어떨까요? 영화에서 본 초콜릿 궁전처럼 초콜릿 아이스크림으로 만든 집은요? 그런 집이라면 추워서 오들오들 떨어야 한대도 견딜 수 있을 것만 같아요.

우아, 초콜릿 아이스크림 맛있겠다!

안에 들어가면 엄청 시원하겠지?

아이스크림은 변신 천재

  아이스크림은 여러 가지 모습으로 변신할 수 있어요.

  아이스크림 와플은 따뜻한 와플 위에 아이스크림을 담고 과일과 견과류를 올린 뒤 시럽으로 꾸며 만들어요. 아이스크림 위에 진한 커피를 얹어 먹는 아포카토도 있고요. 한 아이스크림 브랜드에서는 요거트 아이스크림을 선보이기도 했어요. 영하 15도의 대리석 위에서 요거트에 라즈베리, 바나나, 초콜릿 칩 등을 비벼서 만드는 거예요. 아이스크림을 튀김옷으로 감싼 다음, 200도로 끓는 기름에 튀겨 내는 아이스크림 튀김도 있어요. 이탈리아의 시칠리아 일부 지역에서는 아이스크림을 밥으로 먹어요. 오후나 저녁에 간식으로 먹기도 하고, 간단한 아침 식사로 '브리오슈'라는 빵에 젤라토를 채워 넣은 것을 먹기도 해요.

아이스크림 와플

아포카토

요거트 아이스크림

브리오슈 콘 젤라토

세계 곳곳의 아이스크림

아이스크림 산업이 미국과 유럽을 중심으로 발달했지만, 아이스크림은 전 세계에서 다양한 형태로 사랑받아 왔어요. 모양도 재료도 다르지만, 차갑고 달콤하다는 공통점이 있지요. 세계 곳곳으로 아이스크림 여행을 떠나 볼까요?

이탈리아의 젤라토
쫀득하고 맛이 진한 아이스크림이에요. 1500년대 피렌체에서 젤라토를 처음 만들었는데, 그 기술이 발전을 거듭하며 유럽 곳곳으로 퍼졌어요. 지금은 전 세계에서 맛볼 수 있어요.

인도의 쿨피
연유, 크림, 설탕, 피스타치오 등을 섞은 것에 샤프란, 장미 향을 더해 만든 아이스크림이에요. 인도를 비롯해 파키스탄, 방글라데시, 네팔 등 남아시아 전역에서 사랑받는 전통 디저트예요.

튀르키예의 돈두르마
'돈두르마'는 튀르키예 말로 '몹시 차갑다'는 뜻이에요. 돈두르마는 식감이 아주 쫀득한데, 야생 난초인 살렙의 알뿌리를 빻아서 넣기 때문이에요. 냉동실에 넣지 않아도 잘 녹지 않아요.

이란의 팔루데
기원전 400년부터 있던 아이스크림이에요. 쌀이나 옥수수 전분으로 만든 면에 장미 시럽과 라임 주스를 섞은 뒤, 얼려 만드는 국수 빙수예요. 화려한 장미 향이 가장 큰 특징이에요.

프랑스의 누가 글라세
'글라세'는 프랑스어로 아이스크림을 가리켜요. 설탕을 넣고 조린 견과류나 꿀, 말린 과일을 섞어 만든 '누가'를 더한 프랑스식 아이스크림이 '누가 글라세'예요.

5. 냉동실에서 꽁꽁 얼리기

 우리는 더 고와진 아이스크림 믹스를 그릇에 담았어요. 이 그릇에 아이스크림 믹스를 담은 다음, 냉동실에 얼리면 진짜 아이스크림이 돼요. 할머니는 아이스크림을 만들면 늘 같은 그릇에 담아요. 그래서 이 그릇을 보면 이제 곧 아이스크림을 먹을 수 있다는 생각이 들면서 기분이 좋아져요.

 "할머니, 저는 이 그릇이 좋아요."

 "어떤 기분인지 알겠구나. 할머니도 엄마가 쓰던 아이스크림 통을 볼 때마다 군침이 돌고는 했으니까."

 "할머니의 엄마가 증조할머니예요? 증조할머니도 아이스크림을 만들었다고요?"

 "그럼. 이 할머니가 어렸을 때 집이 한강 근처였거든. 겨울이면 꽁꽁 언 한강 얼음을 떼다가 아이스크림을 만들어 먹었단다."

 "강물로 아이스크림을 만들어 먹었다고요?"

"그래. 먹을 게 변변하지 않던 시절에 최고로 맛있는 간식이었단다. 얼음에 꿀도 넣고 노란색 설탕도 넣고 팥도 넣고, 달달하다 싶은 건 다 섞어서 먹었어. 강원도로 이사를 온 뒤에는 계곡 물이 얼면 얼음째 가져와 냉동해 둔 산딸기, 꿀, 과일잼 같은 걸 섞어 먹었단다. 섞을 수 있는 건 다 섞었어. 한번은 말썽꾸러기 오빠가, 애써 구해 온 얼음에 된장을 섞어서 아빠한테 가져다드렸다가 된통 혼났지. 그때 오빠 말이 글쎄, 아빠는 된장국을 가장 좋아하니까 된장 아이스크림이라면 더 좋아할 줄 알았단다,

recipe tip
제대로 얼리는 법

1. 아이스크림 믹스를 그릇에 담아 냉동실에서 얼린다.

2. 두세 시간 후에 꺼내어 휘젓는다.

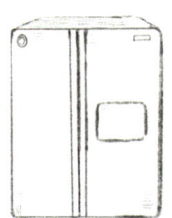

3. 다시 냉동실에 넣어 얼린다.

4. 두세 시간마다 반복해 휘저어 준다.

내 참."

할머니는 그리움에 찬 눈빛과 목소리로 옛날이야기를 들려줬어요.

"지금은 돌아가신 할아버지 말씀이죠?"

"그래. 잘 기억하고 있구나."

"아이스크림 만들 때마다 들었으니까요."

할머니 눈빛을 보니 또 겨울 산 풍경이 떠올랐어요. 내 마음속에는 할머니의 겨울날 아이스크림이 담겨 있어요. 겨울 숲 깊은 동굴에 아이스크림을 저장해 두고, 조금 울적해질 때면 달려가서 아이스크림을 떠먹었다는 할머니 이야기는 가슴 어딘가에 콕 박혀 있지요.

그래서 나도 친구와 안 좋은 일이 있거나 엄마한테 야단을 맞을 땐 아이스크림을 먹어요.

"이제, 뭐 해요?"

겨울이가 세상에서 가장 못 하는 건 기다리는 거예요. 배고픈 것도 잘 못 참고, 팽이 장난감이 갖고 싶을 때도 잘 참지 못해요. 아이스크림이 냉동실에서 얼도록 기다리는 건 더 못 참아요.

"아이스크림은 언제 다 돼요?"

겨울이가 할머니를 부르는 횟수가 많아지자 할아버지가 짠 하고 나타났어요.

"우리, 장에 가 볼까?"

"네!"

단우와 겨울이, 나 이렇게 셋이서 목소리를 높여 대답한 건 모두 같은 생각을 했기 때문이에요.

"나는 초코."

겨울이가 가장 먼저 말했어요.

"나는 바닐라."

"나는 바닐라랑 딸기 반반."

시골이라서 변변한 마트도 편의점도 없지만, 장날 시장에 가면 아이스크림 아저씨를 만날 수 있어요. 아이스크림이 다 되기를 기다리는 애타는 시간에는, 아이스크림을 사 먹는 거예요. 오늘이 장날이라서 얼마나 다행인지 몰라요.

우리는 장에 갔어요. 읍내로 접어들자 작은 가게들이 나타나기 시작했어요. 거리에 있는 나무들이 지난번보다 훌쩍 자란 듯했어요. 더 따뜻하게 우리를 품어 주는 것 같았지요.

우리는 곧장 아이스크림 아저씨가 있는 자리로 달려갔어요. 장날마다 같은 자리에서 세 가지 맛 아이스크림을 팔아요. 바닐라, 딸기, 초콜릿 맛 아이스크림이요.

우리는 늘 먹던 걸로 주문했어요. 할머니는 초콜릿과 바닐라, 할아버지는 바닐라였어요.

"모과 맛이나 대추 맛 아이스크림은 없소?"

"네, 어르신. 그런 아이스크림이 세상에 있겠어요?"

"하긴……."

할아버지도 참! 할아버지가 모과차랑 대추차를 좋아하는 건 알지만, 그런 아이스크림을 찾다니 너무했어요. 내가 나중에 아이스크림을 잘 만들게 되면 할아버지를 위해 특별한 아이스크림을 만들어 봐야겠어요.

"우리, 서둘러야겠구나. 아이스크림을 저어야 해."

장 구경을 하다 보니 두 시간이 훌쩍 지났어요. 냉동실에 넣은 아이스크림을 저어 주어야 할 시간이에요. 여러 번 저으면서 공기가 들어가야 아이스크림이 부드러워지거든요.

집에 도착하자마자 우리는 부엌으로 달려갔어요. 냉동실에서 아이스크림 그릇을 꺼내는 순간, 모두 손을 모았어요.

"아, 얼마나 얼었을까?"

할머니가 뚜껑을 열자마자 우리는 일제히 한숨을 내쉬었어요. 꽁꽁 얼려면 아직 멀었어요. 시간이 얼마 지나지 않았으니까 당연한데도 조금이라도 더 빨리 얼었으면 좋겠다고 바라게 돼요. 할머니가 주걱으로 아이스크림을 휘휘 크게 8자 모양을 그리며 저어 주었어요.

나도 8자 모양으로 크게 아이스크림을 저어 주었어요. 냉동실에 넣은 지 얼마 되지 않아 쉽게 저을 수 있어요.

겨울이가 아이스크림 쪽으로 바람을 몰아주는 시늉을 했어요.

"산들바람 아이스크림 만들기, 얍!"

겨울이에 이어 단우도 아이스크림을 휘저으면서 '산들바람 아이스크림'이라고 했어요. 그러고 보니 부엌 쪽문으로 산들산들 시원한 강바람이 불어왔어요.

기다리는 건 정말로 어려운 일이에요. 아이스크림이 다 되기를 기다리는 지금 이 순간처럼요.

"할머니, 저도 할머니가 되면 아이스크림을 잘 만들까요?"

"그럼, 더 쉽고 간편하게 아이스크림을 만들지 않겠니?"

할머니의 할머니는 지금보다 훨씬 복잡하게 아이스크림을 만들었대요. 나는 지금도 복잡해 보이는데, 이보다 복잡하게 아이스크림을 만들어 먹었다니 놀라워요.

맛있는 아이스크림이라면 어떤 수고라도 아끼지 않을 것 같다

고 했더니 할머니는 글쎄, 하는 표정을 지어 보였어요. 할머니의 할머니 때는 냉장고가 없었대요. 그 옛날에는 그릇에 얼음을 가득 붓고 소금을 뿌린 뒤, 그 얼음 그릇 위에 또 작은 그릇을 겹쳐서 아이스크림 재료들이 얼게 했대요.

할머니는 할머니의 할머니가 아이스크림을 만들 때 썼던 밀랍 통을 보여 주었어요. 세상에! 정말 옛날 물건 같았지요.

부엌에서 이야기를 듣다가 마당으로 나오니 어느새 하늘이 깜깜해졌어요. 까만 하늘에 별이 총총 박혀 있는 것이, 초콜릿 아이스크림에 반짝반짝 얼음들이 박혀 있는 것만 같았어요.

냉장고가 없던 때도 아이스크림이 있었다고?

　1500년대에 이탈리아 과학자들은 질산 칼륨을 물에 녹이면 주변 온도가 낮아진다는 것을 발견했어요. 질산 칼륨의 화학 결합이 깨질 때, 불안정해진 질산 칼륨이 주변의 열을 흡수하면서 물의 온도가 낮아지기 때문이에요. 나중에는 질산 칼륨 대신 소금과 눈을 섞은 양동이를 이용해 아이스크림을 만들 수 있다는 걸 알게 되었지요. 마치 지금 우리가 쓰는 냉장고처럼 말이에요.

　냉장고가 없던 시절에는 아이스크림을 깊게 판 구덩이에 넣고 지푸라기로 덮어 차갑게 저장해 두어야 했어요. 그래서 1700년대 후반까지도 부유한 사람들만 강에서 가져온 얼음이나 아이스크림, 와인 등을 저장할 수 있었어요.

냉장고 없이 아이스크림 만드는 법

1. 통에 얼음을 채우고 소금 한 줌 뿌려 놓기

2. 얼음 통 위에 냄비를 올리기

3. 냄비에 크림을 담기

4. 뚜껑을 닫고 45분간 기다리기

5. 냄비 뚜껑을 열어 크림을 잘 젓기

6. 뚜껑을 닫고 30분간 그대로 두기

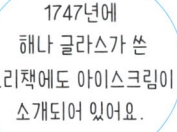
1747년에 해나 글라스가 쓴 요리책에도 아이스크림이 소개되어 있어요.

부드러운 아이스크림에 필요한 것

아이스크림은 얼리는 데 시간이 걸려요. 냉동실에 넣어도 24시간은 지나야 아이스크림다운 형태가 되지요. 게다가 두세 시간마다 냉동실에서 꺼내어 저어 주면서 곳곳에 공기층을 만들어 주어야 해요. 또 빠르게 얼어야 공기층이 사라지지 않고 아이스크림 전체의 부피가 늘어나지요.

아이스크림이 녹는 건 '성질이 달라진다'는 뜻이에요. 아이스크림 안에 갇혀 있던 공기가 사라지면서 크기도 줄어들어요. 녹은 아이스크림은 더 이상 아이스크림이 아니에요. 다시 얼려도 부드러워지지 않아요. 녹았다 어는 과정에서 얼음 알갱이들이 생겨 부드러움이 사라지기 때문이에요.

아이스크림은 금세 녹아 버리기 때문에 보관을 위해 안정제, 유화제 같은 식품 첨가물을 넣어요. 맛있게 느껴지도록 감미료를 넣거나, 먹음직스럽게 보이도록 착색제, 발색제 같은 첨가물을 넣어요. 그래서 몸에 해로운 식품이라는 평가를 받기도 해요. 크림이 듬뿍 들어간 아이스크림은 열량이 높기도 하고요. 건강을 생각하는 아이스크림 가게에서는 아이스크림을 만들 때 해로운 첨가물을 넣지 않으려고 해요.

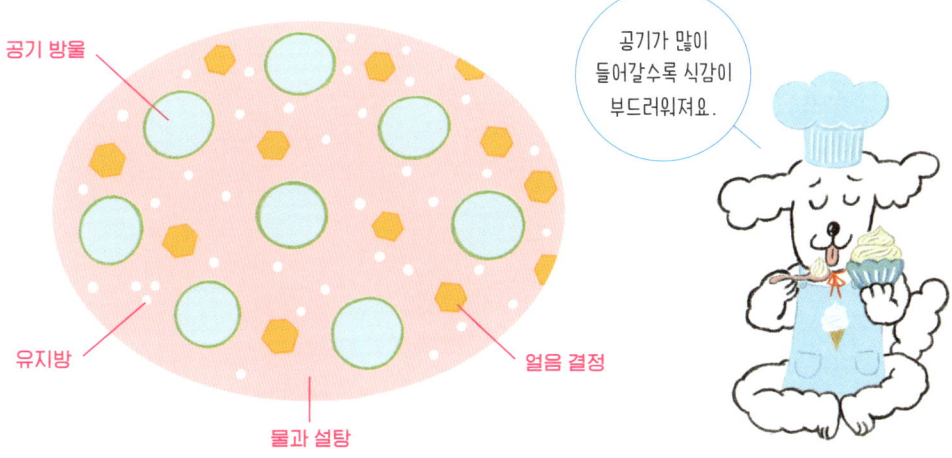

아이스크림 공장에서 슈퍼마켓까지

오늘날엔 아이스크림을 공장에서 대량으로 만들어 내요. 덕분에 우리는 가까운 곳에서 손쉽게 아이스크림을 사 먹을 수 있지요. 공장에서 마트나 편의점까지 이동하는 트럭은 물론, 마트나 편의점 안에도 아이스크림을 차갑게 유지하는 시설이 잘 갖추어져 있기 때문이에요.

아이스크림이 우리 곁으로 오기까지

1. 목장에서 공장으로 우유 가져오기

2. 우유에서 크림을 분리해 나눠 담고, 섭씨 2도로 보관하기

3. 크림, 연유, 사탕수수 설탕을 섞은 다음, 달걀노른자 넣고 특정 맛을 내는 재료 추가하기

4. 재료가 고르게 섞이고 세균을 없애기 위해 혼합물 끓이기

5. 아이스크림에 특별한 향 넣기

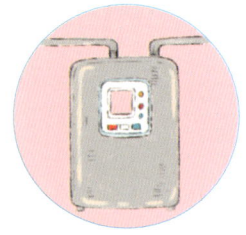

6. 아이스크림 혼합물을 냉각 장치에 넣어 섭씨 -5도로 만들기

7. 초콜릿 칩, 견과류, 과일을 넣기

8. 원하는 색 입히기

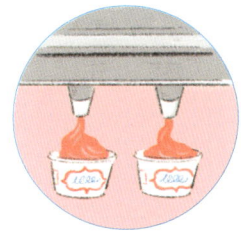
9. 통에 자동으로 아이스크림을 채운 뒤 뚜껑 덮기

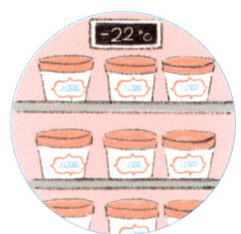
10. 낱개 포장이 끝난 통을 섭씨 -22도까지 꽁꽁 얼리기

11. 박스에 포장해 섭씨 -20도 상태에서 배송하기

12. 마트, 슈퍼마켓, 편의점에 진열하기

"산아, 놀자! 산아~ 진산!"

나는 잠이 덜 깬 채로 눈을 비비며 일어나 앉았어요. 이 아침에 나를 깨우는 사람은 단우뿐이에요. 눈꺼풀이 이렇게 무거운데, 벌써 아침이라니. 아, 피곤해요. 아이스크림 때문에 제대로 잠을 못 잤거든요.

아이스크림 믹스를 냉동실에 넣은 뒤 두세 시간마다 저어 주어야 해서, 아이스크림 만들기는 오후에 시작하지 않아요. 잠을 잘 수 없으니까요. 우리 할머니는 보통 이른 새벽부터 아이스크림을 만들기 시작하지만, 어제는 우리의 간절한 눈빛을 보고 어쩔 수 없었다지요.

어젯밤 분명히 할머니 곁에서 손을 꼭 잡고 잠이 들었어요. 할머니가 일어날 때 같이 일어나려고요. 하지만 결국 아이스크림을 젓고 또 저은 사람은 할머니였어요.

눈을 뜨자마자 보인 것은 벽에 있는 낙서였어요. 겨울이가 삐뚤삐뚤 그려 놓은 아이스크림콘과 '어제 대!'라는 글자 때문에 피식 웃음이 났어요. 언제 다 되느냐는 뜻일 거예요. 이제 막 글자를 배우기 시작한 겨울이는 여기저기 낙서하는 버릇이 생겼어요. 글자는 못 쓰지만 아이스크림 그림은 귀여워요.

아이스크림 낙서를 보니 정신이 번쩍 들었어요. 눈을 비비며 툇마루로 뛰어나갔지요. 산과 강물 소리, 나무, 새 들이 한꺼번에 아침을 알려 주는 것 같았어요.

"다 됐을까?"

단우와 나는 눈이 마주치자마자 씩 웃었어요.

우리는 부엌으로 달려갔어요. 그런데 세상에! 겨울이가 할머니 곁에서 먼저 아이스크림을 살피고 있잖아요. 내가 처음으로 확인하려고 했는데, 정말.

할머니는 나에게 주걱을 넘겨주었어요. 나는 조심스럽게 아이스크림을 저어 보았어요. 어제보다 훨씬 꾸덕꾸덕해졌어요! 내가 한 번, 단우가 한 번 휘휘 저어 주고 뚜껑을 닫았어요. 조금 더 기다려야 해요.

우리는 기다리는 동안 바닐라 아이스크림 위에 얹을 산딸기 조림을 만들기로 했어요. 할아버지가 따 온 신선한 산딸기를 물에 슬슬 씻어서 체에 밭쳐 두어요. 그다음엔 산딸기와 설탕을 적당히 섞어서 20분쯤 끓인 다음 레몬즙을 조금 넣어요.

설탕을 더 많이 넣고 오래 끓여서 잼으로 만들면 겨울에도 먹을 수 있어요.

"얘들아, 신이 이 세상에서 가장 잘한 일이 무언지 알아?"

"뭔데요, 할머니?"

"그건 바로 더위가 시작되는 무렵에 산딸기를 익게 한 거란다. 우리가 산딸기 가득 올라간 아이스크림을 먹을 수 있게 말이다."

맞아요. 산딸기 잼은 언제라도 사 먹을 수 있지만, 바로 만들어 먹는 산딸기 조림의 맛에 비할 수는 없어요. 여름날 갓 만든 산딸기 조림이랑 병 속에서 설탕과 함께 묵은 산딸기 잼의 맛을 내가 구분할 수 있다니 우쭐한 기분이 들었어요. 좀 멋진 어린이 같다는 생각이 들었지요. 이 정도면 언젠가 혼자서도 여러 아이스크림을 만들 수 있을 것 같아요.

우리는 계곡에 가서 물놀이도 하고, 잠시 낮잠도 잤어요. 일어나서 영화도 한 편 보았어요. 할아버지와 손잡고 밭에 가서 상추, 부추를 뜯어 와 비빔밥도 해 먹었어요.

우리는 그러면서도 종일 한 가지만 생각했지요.

'아이스크림이 다 됐을까?'

"산아, 단우야, 겨울아."

할머니가 우리 셋을 다정한 목소리로 불렀어요. 목소리에 왠지 모를 마침표가 찍혀 있는 것 같았어요. 우리는 느낌으로 알 수 있었어요. 아이스크림이 완성되었다는 걸요.

"와!"

산딸기 조림을 올린 바닐라 아이스크림이에요!

우리는 말 한마디 없이 순식간에 아이스크림 한 그릇씩을 비웠어요. 겨울이가 빈 그릇에 괜히 숟가락질하자 할머니는 두 번씩 더 떠 주었어요.

"찬 음식을 한 번에 너무 많이 먹으면 안 되는 거 다 알지? 이제 내일!"

아쉬워요. 아이스크림을 먹을 땐 늘 아쉬워요. 왜 아이스크림은 배부르게 먹을 수 없는 걸까요?
　집에서도 아이스크림을 혼자 다 먹은 적은 한 번도 없어요. 아이스크림 한 통을 혼자서 다 먹는 건 이룰 수 없는 소원일까요?

음, 달달하다!

아이스크림을 먹는 건 너무 한순간이에요. 이렇게 오래 기다리고 기다려 먹는 건데, 너무 순식간에 눈앞에서 사라져 버려요. 그래서 자꾸 생각나고 더 좋은 걸까요?

너희도 덥구나?

할머니표 아이스크림 만들기

달콤한 아이스크림을 먹다 보니 엄마 아빠 생각이 났어요. 우리 할머니 아이스크림은 아주 달콤하고 맛있지만, 크나큰 단점이 있어요. 정말 빨리 녹는다는 거예요.

엄마 아빠에게 아이스크림을 가져다주려면 드라이아이스가 필요해요. 얼음만으로 아이스크림의 질감을 유지하지 못하니까요. 녹지 않는 아이스크림이 있으면 얼마나 좋을까요?

겨울이가 부엌 한쪽에서 도시락 통을 보자기로 열심히 감싸고 있었어요.

"진겨울, 뭐 해?"

"엄마 아빠 거 싸지."

"너 설마……."

단우와 내가 달려가서 도시락 통을 열자, 안에는 역시 사르르 녹아 버린 아이스크림이 있었어요.

눈만 끔벅거리는 겨울이를 보며 나는 할머니의 아이스크림 비법을 공책에 적었어요. 집에 가서 엄마 아빠한테 그대로 만들어 주려고요. 할아버지가 따 온 산딸기도 꼭 가져가야겠네요.

겨울이 말이 맞았어요. 할머니 집은 다 '달달'했어요.

할머니표 아이스크림 만드는 법

- 재료 : <u>달걀</u> 8개, 설탕 340g, 생크림 950ml, 바닐라콩, 과일
  - 노른자와 흰자를 나눠요.
  - ○○○○○○○○

- 만드는 법
  - ★중요★ 달걀노른자 8개와 설탕 340g을 잘 섞어요.
  - 생크림 950ml에 바닐라콩을 넣고 데워요. 생크림이 끓기 직전에 내려요. 끓으면 안돼요.
  - 달걀노른자와 설탕 혼합물에 데운 생크림을 붓고 설탕이 녹을 때까지 저어요. 생크림이 바닥에 눌어붙지 않게 주의!
  그런 다음 끓어오르기 직전까지 다시 데워요.
  - 아이스크림 믹스를 식혀서 체에 한 번 걸러요.
  - 용기에 담아 냉동실에서 하루 동안 꽁꽁 얼려요.
  두세 시간마다 냉동실에서 꺼내어 힘차게 저어 줘요.
  - 좋아하는 (과일 조림)이나 잼을 올려요.
    - 나는 산딸기!

  완성!

자료 저작권 목록

19쪽 LPLT / Wikimedia Commons

32쪽 동아일보(1927.06.22)

40쪽 Wikimedia Commons

43쪽 Wikimedia Commons

놀라운 한 그릇 ❸
아이스크림 공부책

처음 펴낸 날 2022년 9월 7일 세 번째 펴낸 날 2025년 4월 11일

글 정원 그림 박지윤
편집 오지명, 최미소 디자인 효효스튜디오
펴낸이 이은수 펴낸곳 초록개구리 출판등록 2004년 11월 22일 (제300-2004-217호)
주소 서울시 종로구 비봉 2길 32, 3동 101호 전화 02-6385-9930 팩스 0303-3443-9930
인스타그램 www.instagram.com/greenfrog_pub

ISBN 979-11-5782-222-5 74380 ISBN 979-11-5782-076-4(세트)